Dans ma maison

ISBN : 978-2-917976-26-5
ISSN : 2105- 9381

Design graphique : JC Debout.

Dans ma maison

Laura DESPREIN

illustrations
stefano ARICI

Éditions du Lampion

SÉRIE LOUPIOTE

Pour ma princesse Ambre

La maison d'Onésime

La maison d'Onésime

J'ai une très jolie maison, que je ne me lasse pas de faire visiter à mes amis. J'ai de très jolis rideaux de satin aux fenêtres, de très jolis meubles en bois précieux, une très jolie chambre avec un lit à baldaquin.
Lorsque je fais visiter ma maison, les gens s'extasient en chœur : que c'est beau ! Quel goût ! Et que c'est bien entretenu !

Mais lorsqu'on arrive dans le salon, ce n'est plus la même histoire. À la porte, les gens se figent, stupéfaits.
C'est qu'au milieu de la pièce, il y a un trou. Pas un petit trou, non ; un trou de belles proportions, autour duquel pousse un peu d'herbe. Mais je vous rassure : le reste de la pièce est tout à fait charmant, propre et bien arrangé.

Généralement, après quelques raclements de gorge, mes nouvelles connaissances se retournent vers moi, une question muette sur leurs visages. Je leur fais donc la présentation du trou, et de ses avantages.

Tout d'abord, l'aération : en été, un bienfaisant courant d'air frais en sort, et alimente la maison ; en hiver, eh bien c'est de l'air chaud (phénomène que je ne m'explique pas). Le son aussi est très marrant : si on parle dans ce trou, la voix sort différente, quelquefois aigüe, quelquefois grave, mais toujours amusante.

À ce stade, généralement les gens se détendent un peu et consentent à s'approcher. Le plus courageux lance un petit : hou ! Qui lui revient tout déformé. C'est alors la cohue : tout le monde veut essayer, lancer un ho, un ha, dans l'hilarité générale.

Puis nous abordons la seconde phase : le lancer de cailloux dans le trou. Mes nouveaux amis veulent savoir s'il y a un fond, si l'on entend le bruit d'un impact en tendant l'oreille.
Au début, ils prennent l'air compassé, comme des chercheurs venus faire une expérience très importante. Ils se concentrent... Rien. Le trou est tellement profond ! Peut-être va-t-il jusqu'à l'autre bout de la terre ?

C'est à ce moment là que le premier caillou remonte, et va se coller au plafond.

Chacun se fige, bouche bée, en observant le phénomène.
Certains se tâtent, comme pour s'assurer qu'ils sont bien vivants, qu'ils ne rêvent pas. D'autres se mettent à trembler, les larmes aux yeux.

D'aucuns, une bonne partie, quittent la pièce furieux en criant au scandale. Ce qui me permet de faire une rapide sélection dans mes nouveaux amis. En effet, je trouve cette dernière réaction un peu excessive, et m'abstiens de leur courir après.
Mais tout de même, la première fois, ça fait drôle, je le reconnais.

Un à un, les cailloux remontent, et vont se coller au plafond, sous le regard inquiet et émerveillé de mes visiteurs. Je leur explique qu'il n'y a aucun danger, qu'un grand physicien est venu observer ce trou dans le plus absolu secret, et qu'il en a conclu qu'à un certain point de la chute, la gravité s'inversait. Généralement, à ce stade, les gens recommencent à respirer. Ils s'approchent à nouveau du trou ; les plus hardis, en manière de vérification, y jettent quelques effets personnels. Certains calculent le temps que les objets mettent à remonter.

Une dame très romantique m’a dit un jour : « Peut-on voir ressurgir un amour perdu de ce gouffre ? ».
C'est bien entendu impossible. Seules reviennent les choses qu’on y a jetées, et il s’agit d’objets concrets, pas de souvenirs (restons réalistes).

Mais, même si l’on ne peut pas lui demander n'importe quoi, il faut reconnaître que ce trou fait son petit effet. Certains, les plus courageux, me demandent même où ils peuvent se procurer un trou comme celui-là. Mais là je réponds : motus et bouche cousue ! C’est top confidentiel !
Tout ça parce qu’en réalité, je n’en sais rien…

La maison d'Isotope

La maison d'Isotope

Au milieu de ma maison passe la frontière entre l'Angleterre et les Pays-Bas. On ne la voit pas vraiment, pas comme sur une carte routière en tout cas. Il n'y a pas de ligne rouge au sol, avec marqué « DANGER : NE PAS FRANCHIR », ni de têtes de mort ou quoi que ce soit dans ce genre. Ça ferait un drôle d'effet au milieu d'une maison.
Mais moi, je trouve un léger changement d'atmosphère entre la cuisine et le living-room. Lorsque l'on passe d'une pièce à l'autre, il n'y a pas à dire, on se sent ailleurs.

Que je vous explique : la frontière passe au milieu du salon. Si je fais le plan rapide de mon domicile, eh bien les toilettes sont aux Pays-Bas et la chambre au Royaume-Uni. Dans le salon, j'ai aménagé en fonction, les canapés en Hollande et le coin salle à manger en Angleterre. Vous voyez ?

TELEP

Si vous venez visiter ma demeure, il est possible que vous ne vous rendiez compte de rien... À part, peut-être, une légère incohérence dans le style d'ameublement. Car j'ai voulu tout décorer dans l'esprit de chaque pays. Je suis un peu vieux jeu, voyez-vous, j'aime que les traditions soient respectées. Donc dans le salon, par exemple, du côté canapé il y a des reproductions de Vermeer, et du côté salle à manger une collection de miniatures de trolleybus et de cabines de téléphone rouges. A table, on écoute les Beatles, et pour le digestif, Jan Pieterszoon Sweelinck (mais si, si ! Faites un effort, je suis sûr que vous le connaissez).

Certains penseront que c'est assez compliqué de vivre dans deux pays à la fois, pour les autorisations et tout ça. Non, ça va, franchement, ça va.

Cependant j'admets que les choses n'ont pas toujours été faciles.

À une époque, un douanier habitait dans le jardin, avec sa cahute et tout le toutim. Ce qui fait que lorsqu'on voulait aller au potager cueillir des fraises, il fallait présenter ses papiers. Idem en revenant, et en plus, il fallait déclarer les fraises une par une, sous peine d'une amende. Il paraît même que le douanier, lorsqu'il était de mauvais poil, pesait chaque fraise pour vérifier que le poids total était réglementaire.

ALT
DOUANE

Mais ça, c'était bien avant que j'emménage. Tout le monde a fini par trouver ça idiot, y compris la douane. Et maintenant, dans ma maison, il n' y a plus de poste frontière. J'ai une autorisation permanente de passage, je peux faire trente allers-retours de la chambre à la cuisine si ça me chante.

Ce qui fait qu'à dire vrai, je n'ai que les avantages. Imaginez : les lois ne sont pas les mêmes dans les deux pays... si quelque chose est interdit d'un côté, c'est quelquefois permis de l'autre. Et je l'avoue, c'est bien pratique !
Si je veux cueillir des tulipes, je sors par la porte du garage, et je suis aux Pays-Bas. Si j'ai envie de fish and chips, je n'ai qu'à passer par la porte d'entrée, et je suis en Angleterre.

Je n'ai jamais le mal du pays : pas le temps !
Je ne pars pas en voyage : inutile !
Et bien sûr, j'ai la double nationalité. J'ai tout en double : deux voitures, deux chiens, et même deux bicyclettes. De là à dire que j'ai deux vies, il n'y a qu'un pas à franchir… au milieu du salon !

Mais chut ! N'en parlez pas trop. On dirait qu'avec tous les changements de ces dernières années, les autorités m'ont un peu oublié.
Alors, entre nous, inutile de leur rafraîchir la mémoire.
Je vous fais confiance...

La maison de Carminative

La maison de Carminative

Mercredi 28 mai
Cornegidouille ! Ce n'est pas possible ! Je me suis encore fait piéger. Le temps d'aller jusqu'au potager chercher deux salades, et pfuit ! Elle a encore bougé. J'en suis sûr ! J'avais mis une marque au pied du mur. Eh bien la marque, elle est maintenant à plusieurs centimètres de la paroi !
Eh oui, pauvre de moi : depuis quelques semaines, ma maison se déplace furtivement. Oh, pas trop ! Deux ou trois centimètres à chaque fois, mais vous comprendrez qu'à la longue, ça peut poser des problèmes. C'est que mon jardin n'est pas immense. Je suis bien embêté.

Samedi 31 mai

Comme le terrain est en pente, j'ai d'abord cru, selon toute logique, que ma maison glissait. J'en ai parlé à mon voisin Nicodème qui m'a conseillé de mettre des cales. Ça n'a pas marché.

Comme Nicodème habite juste à côté, et que la maison glisse dans sa direction, nous avons estimé urgent de trouver une solution. « Tout d'abord, m'a-t-il dit, il faut observer ton logis, pour tenter de comprendre quand, comment et pourquoi il se déplace ainsi ». Nous avons donc établi un tour de garde, lui le jour et moi la nuit, et surveillons sans relâche la maison afin de la prendre en flagrant délit.

Vendredi 6 juin
Peine perdue. Elle n'a pas bougé d'un pouce !
Au bout d'une semaine, nous nous sentons un peu fatigués et découragés.

Lundi 9 juin

Hier Nicodème a suggéré : « C'est peut-être qu'il y a quelque chose qui la gêne par en-dessous. On ne sait pas tout des maisons. »
Nous sommes donc descendus à la cave afin de vérifier que tout allait bien. Comme nous ne trouvions rien de spécial, nous sommes ressortis et avons emprunté un ancien terrier communal, creusé par une quelconque bestiole, et considérablement élargi par le garde-champêtre afin que chacun puisse y circuler en hiver (comme à Montréal, vous voyez).

Il se trouve que le terrier passe juste sous la maison, et qu'en été, il n'est pas du tout fréquenté. Nous y avons stationné un moment, et remarqué qu'il était agité de petits soubresauts. Alors Nicodème m'a dit gravement : « Ce n'est pas la terre qui gêne ta maison, c'est ta maison qui gêne la terre. Elle est sûrement mal placée, et du coup, ça la gratte. Attention ! Tiens-toi bien ! »
Sur ce, le terrier a été pris de convulsions, et nous avons été secoués dans tous les sens.

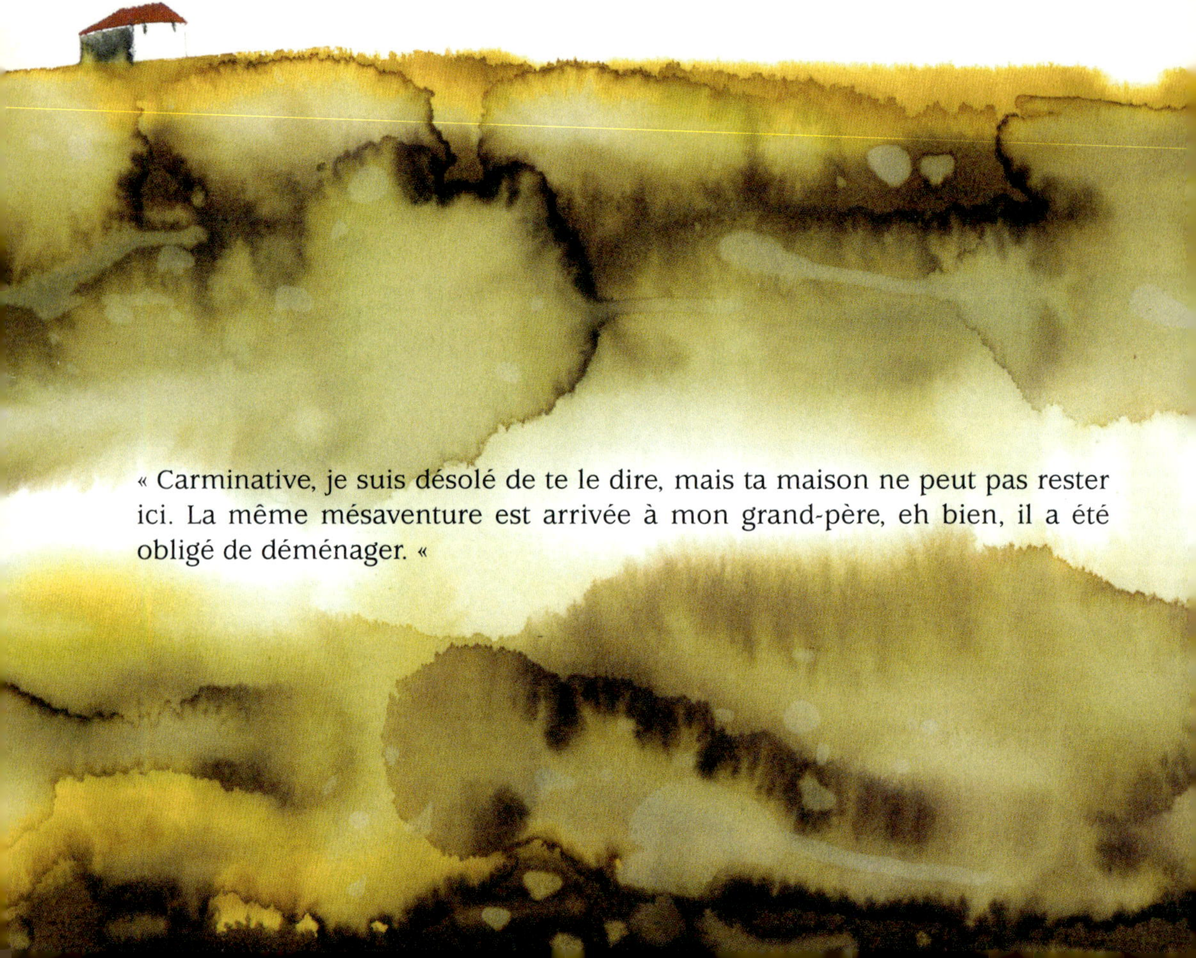

« Carminative, je suis désolé de te le dire, mais ta maison ne peut pas rester ici. La même mésaventure est arrivée à mon grand-père, eh bien, il a été obligé de déménager. «

Lundi 9 juin (soir)

Vous imaginez bien que je suis très triste, car je ne veux pas quitter ma chère maison. Quand même, me dis-je, toute cette histoire est un peu bizarre. Comment se fait-il que mon logis ne bouge que quand nous ne sommes pas là ? Et pourquoi tout à coup, deviendrait-il indésirable sur ce sol, alors que nous y sommes implantés depuis des générations ? Non, décidément, tout ça ne tient pas debout. Il y a autre chose.

Mercredi 11 juin

Aujourd'hui, je suis allé à la bibliothèque emprunter un ouvrage de référence sur la vie des maisons. Et j'y ai découvert que certaines bâtisses finissent par trouver le temps long, toujours au même endroit ; que la terre peut aussi se lasser de porter toujours la même bicoque ; et que pour peu que les maisons sachent bien s'y prendre, elles peuvent se faire la malle, tout doucement, avec l'aide du sol sur lesquelles elles sont posées. Au moment même où je lisais ça, mon logis a bougé d'un coup ! J'ai fait un bond en l'air, puis en retombant dans le fauteuil, j'ai entrevu la solution.

Eurêka !

Comminative
île

La maison de Carminative
Maps
Nicodeme
ODEME
maison
maison pays

Il suffit… de déménager la maison.
Comme le terrain est en pente, en nous y mettant nombreux, nous devrions pouvoir la pousser, traverser le champ de Nicodème, et nous installer en face, de l'autre côté de la route.

Samedi 14 juin

Aujourd'hui, j'ai eu une autre idée.

L'été arrive et je n'ai rien prévu cette année... Mon logis a la bougeotte...

Si nous ne nous arrêtions pas sur le terrain d'en face ? Si nous en profitions pour faire un petit voyage ? Rien que nous deux sur les routes. Après tout, avec un peu d'élan, ça ne doit pas être impossible. Il y a bien des mobile homes, des caravanes, et tout le toutim. Pourquoi pas une maison ? Au moins, j'aurai tout le confort. Et mon doux foyer a l'air d'être très doué pour se balader...

Voilà une idée à creuser, si je puis dire...

BIOGRAPHIES

Laura Desprein

Laura Desprein est comédienne, chanteuse, auteure et metteur en scène. Dès l'enfance, elle développe un goût pour l'écriture. Après les classes préparatoires à l'Ecole Normale Supérieure et une Maîtrise de Lettres, elle intègre l'Ecole de la Comédie de Saint-Etienne, et y apprend le théâtre et le chant.
Comédienne dans les spectacles d'Emilie Valantin, André Fornier, Gérard Gelas, Yvon Chaix, Maurice Yendt, Eric de Dadelsen (...), elle interprète aussi le jazz et la chanson française, et travaille dans des spectacles musicaux, entre autres pour L'Opéra de quat'sous, ou le rôle d'Edith Piaf.
En 2002, elle publie chez Arléa le roman Braise, qui lui vaut des articles dans Le canard enchaîné, Le nouvel observateur, Le Monde, et une bourse du Centre national du livre.
Directrice artistique de la Compagnie Hélianthe, elle est l'auteure de plusieurs spectacles, qu'elle met en scène entre autres au Théâtre de Vienne, à la Scène Nationale d'Aubusson, et au Centre Dramatique national le TNG.
L'une de ses pièces, Orphée = Eurydice, est écrite en résidence au Centre National des Ecritures du Spectacle de Villeneuve-lès-Avignon.

Braise, 2002, roman, Éditions Arléa

Fleur d'août, 2010, roman, Éditions L'atelier du grand tétras

Sud magnétique, 2011, roman, Éditions L'atelier du grand tétras

lauradespreinauteure.over-blog.com

Cœurs sourds, 2002, créé au Festival Le jardin des possibles, Lyon

Cinélola, 2002, créé au théâtre des Marronniers, Lyon

J'ai tout oublié, 2004, créé au Théâtre des Marronniers, Lyon

Bonne nuit la lune, 2005, créé à la scène nationale d'Aubusson

Orphée = Eurydice, 2006, créé au Théâtre de Vienne - scène conventionnée

Hit 70, polaroïd d'une enfance, 2006, créé au Théâtre des Marronniers, Lyon

Pikapo, 2008, créé au Centre dramatique national le TNG, Lyon

Krach Blues, 2012, crée au théâtre des Marronniers, Lyon

Stefano Arici

Stefano Arici est né à Brescia en 1976.

PUBLICATIONS

Fiabe Africane - Progetto Namibia – 2008

Graine d'Espoir (texte Jerome le Dorze)
Anna Chanel Editions - 2009

Alice Baum

PRIX DIVERS

Scarpetta d'oro 2007 - mention of honor

Illustrissimi 2007 - mention of honor

Illustrissimi 2009 - 1 PRICE

Montreuil book festival Graine D'Espoir :
finalist for best first illustrated book

A mia nonna che ha trovato una nuova casa

Ouvrage réalisé avec le soutien de Région RhôneAlpes

Impression U.E. BETA
Dépôt légal 4ème trimestre 2012.